INSTRUCTIONS

EN

CAS DE TROUBLES

D'APRÈS LES

LOIS ET RÈGLEMENTS

Édition revue et corrigée

PARIS

LIBRAIRIE MILITAIRE DE L. BAUDOIN

IMPRIMEUR-ÉDITEUR

30, Rue et Passage Dauphine, 30

1898

INSTRUCTIONS

EN

CAS DE TROUBLES

PARIS. — IMPRIMERIE L. BAUDOIN, 2, RUE CHRISTINE.

INSTRUCTIONS

EN

CAS DE TROUBLES

D'APRÈS LES

LOIS ET RÈGLEMENTS

Édition revue et corrigée

PARIS

LIBRAIRIE MILITAIRE DE L. BAUDOIN

IMPRIMEUR-ÉDITEUR

30, Rue et Passage Dauphine, 30

—

1898

Tous droits reservés,

INSTRUCTIONS

EN CAS DE TROUBLES

I. — Des Réquisitions.

(Lois du 10 juillet 1791 et du 3 août 1791.)

1. — Nulle troupe, même requise, ne doit sortir de sa division sans un ordre donné par le général commandant le corps d'armée, ou de son département sans un ordre donné par le général de division, à qui ce pouvoir est délégué.

2. — Nulle troupe, même requise, ne doit quitter la ville où elle se trouve, sans un ordre du général commandant la subdivision.

3. — Nulle troupe ne doit être employée, même dans la ville où elle est établie, que l'après les réquisitions écrites, faites par les autorités qui en ont le droit (préfet, sous-

préfet, procureur de la République, maire ou adjoints au maire, commissaires de police, officiers et sous-officiers de gendarmerie), et dans la forme indiquée à l'article 22 de la loi du 3 août 1791.

4. — Toute action des troupes doit être le résultat d'un concert préalable entre les autorités militaires et civiles.

5. — Ces réquisitions doivent indiquer clairement le but à atteindre, en laissant toutefois au chef militaire le choix des moyens pour y arriver, après s'être concerté, autant que possible, avec les officiers civils, auteurs de la réquisition.

6. — En cas de flagrant délit et d'urgence, on n'attendra pas pour agir d'avoir reçu une réquisition écrite, ou d'avoir pu se concerter avec les officiers civils. Le commandant des troupes, ou du détachement, prendra immédiatement les mesures qu'il jugera nécessaires pour disperser les rassemblements ou pour repousser l'aggression dont il est l'objet (article 25 de la loi du 3 août 1791 — articles 64, 65, 71, 167 et 169 du décret sur le service des places).

7. — Il n'y a d'exception aux règles 1 et 2 que pour le cas de flagrant délit et d'urgence, c'est-à-dire pour ceux où le temps et les moyens d'avoir une réponse manqueraient absolument.

8. — Les pouvoirs de répondre aux réquisitions légales, pour agir en dehors de la

ville où ils sont établis, peuvent être délégués aux commandants de garnison et de détachements par les généraux commandant les divisions et subdivisions (lettre ministérielle du 16 mars 1848), mais sous la condition de rendre compte immédiatement au général, sous les ordres de qui ils se trouvent, des réquisitions légales auxquelles ils auront obtempéré.

9. — Il ressort du texte des lois sur la matière que le fonctionnaire civil, qui est responsable du maintien de l'ordre (sauf dans les territoires en état de siége), concentre entre ses mains la direction de la police et reste seul juge du moment où la force armée doit être requise.

Mais l'autorité militaire ne doit pas être surprise par une réquisition : à cet effet il faut qu'elle reçoive un premier avis, dès que la tranquillité publique paraît menacée, et que, si la situation s'aggrave, de nouveaux renseignements mettent le commandant de la force armée à même de se préparer à intervenir, soit par des mesures de précaution, soit par des manœuvres qui paralysent l'émeute, de sorte qu'au moment où il devra agir, sous sa responsabilité, son action soit prompte et efficace.

Tel est le but de l'entente préalable, formellement prescrite par l'article 16 de la loi du 10 juillet 1791, entre l'autorité civile et l'autorité militaire. Cet accord rend la tâche de chacun plus facile et les résultats plus sûrs ; on ne saurait trop le recommander, en tant qu'il est possible (Lettre ministé rielle du 21 juin 1869).

Responsabilité des commandants de troupe, de postes et de détachements.

10. — Les commandants des troupes, des postes, des gardes, piquets ou patrouilles ne doivent pas perdre de vue les conditions de responsabilité qui leur sont imposées au sujet des réquisitions, article 17 de la loi du 10 juillet 1791, art. 41 de la loi du 3 août 1791, art. 64 du règlement sur le service des places, art. 234 du Code pénal ordinaire.

II. — Des Attroupements.

11. — Les attroupements sur les voies et places publiques ne seront pas tolérés et devront être sommés de se disperser.

Règlement sur le service des places, art. 92. Loi du 10 avril 1831, art 1er, et loi du 7 juin 1848, art. 1, 2, 3.

III. — Des Sommations.

12. — La force des armes ne devra jamais être employée par les commandants des forces publiques, qu'après les sommations faites dans les formes indiquées par les

art. 26 et 27 de la loi du 3 août 1791, et l'art. 169 du règlement sur le service des places.

13. — Cependant l'art. 25 de la même loi dispose que les chefs de la force armée peuvent faire usage des armes, *sans sommations* dans les 3 cas suivants :

1º Si des violences ou voies de fait sont exercées contre les dépositaires de la force publique, dans le cas, par exemple, où la troupe est assaillie à coups de fusil, ou de projectiles de n'importe quelle espèce.

2º S'ils ne peuvent défendre autrement le terrain qu'ils occupent ou les postes qu'ils ont à garder.

3º Enfin, s'ils y sont expressément autorisés, par écrit, par des officiers civils, mais dans ce dernier cas seulement, après les formalités prescrites dans les articles 26 et 27 de la loi précitée du 3 août 1791.

IV. — Cas particuliers aux territoires en état de siége.

14. — La déclaration de l'état de siége dans un département, ayant pour effet immédiat de faire passer aux mains de l'autorité militaire tous les pouvoirs exercés antérieurement par les autorités civiles, il en résulte que l'officier commandant les troupes n'a plus besoin de la présence d'un officier civil pour faire les sommations.

Il peut les faire de sa propre autorité et
agir ensuite suivant les cas, et conformément aux prescriptions édictées par les lois
de 1791.

V. — Principes et instructions sur l'emploi des troupes en cas d'émeute.

15. — Maintenir l'ordre, quoi qu'il arrive,
assurer le respect des lois et des décisions
de l'autorité souveraine du pays, en se dé-
sintéressant rigoureusement de toute aspira-
tion politique, tels doivent être le programme
de l'armée et son rôle.

16. — L'armée doit prêter main-forte à la
gendarmerie et à la police locale, et obtempérer aux réquisitions légales qui lui sont
faites pour le maintien de la sécurité et de
l'ordre public et l'observation des lois (art.
234 du Code pénal, article 64 du règlement
du service des places. Règlement du 1er mars
1854 sur le service de la gendarmerie).

17. — Toute espèce de cris, de chants, de
sifflets sera rigoureusement interdite.

Toute espèce d'attroupement ou de mani-
festation sera dispersée.

Toute insulte ou altercation publique entre
citoyens, et à plus forte raison toute collision, sera immédiatement réprimée.

18. — Chaque commandant de troupe ou
de détachement doit étudier à l'avance les
mesures les plus convenables à prendre en

cas d'émeute, de concert, s'il est possible,
avec les autorités civiles.

19. — Si, dans une place forte ou dans
une ville de garnison, des troubles viennent
à éclater à l'improviste, les officiers, les sous-
officiers et les soldats doivent se rendre immédiatement dans leurs quartiers respect.fs,
où ils restent consignés en attendant des
ordres.

20. — Les officiers qui logent dans les environs des casernes s'y rendent de suite :
ceux qui logent à une trop grande distance,
ou dans des quartiers où auraient lieu des
rassemblements hostiles , resteront dans
leurs logements, l'adjudant-major du régi-
ment enverra de suite une patrouille suffisamment forte, commandée par un officier,
pour parcourir les rues habitées par les offi
ciers qui n'auraient pu se rendre au quartier; ceux-ci devront se tenir prêts à se
joindre à la patrouille lors de son passage
devant leur logement.

21.—On ne doit pas disséminer ses forces,
mais les maintenir groupées pour agir avec
vigueur. Cependant, si l'effectif de la garnison le permet, on occupera les points principaux d'où l'on pourra contenir l'émeute.

Dans une grande ville, on occupera les
places qui commandent les principales ar-
tères, l'Hôtel de la préfecture et celui du général commandant, la manutention, l'hôpi-
tal, la gare du chemin de fer, le bureau du

télégraphe, l'hôtel du trésorier payeur général, etc.

Dans une ville de guerre, on occupera les portes, qu'on fermera si on le juge nécessaire.

Dans une petite ville ouverte, on occupera l'Hôtel-de-Ville, la mairie ou quelques points dominants.

22. — Il est de la plus haute importance que les soldats conservent leur prestige et ne soient ni insultés, ni molestés ; car, s'ils perdent de leur force morale, l'ordre ne peut plus être rétabli que par les moyens violents.

Il faut donc éviter le plus possible de laisser la troupe en contact avec les agitateurs, et la faire agir avec vigueur, lorsque son intervention est devenue indispensable.

On ne saurait poser de principe absolu en pareille matière ; mais, dès que des troubles sont à craindre, il y a lieu de consigner les troupes dans les casernes et ne les mettre en mouvement que lorsque les circonstances exigent leur intervention.

Alors leur action, annoncée à l'avance comme irrésistible, doit être prompte, résolue et décisive ; c'est le meilleur moyen d'éviter toute collision, devant laquelle on ne doit pas cependant reculer, si elle est nécessaire, car *force doit toujours rester à la loi.*

23. — Dès qu'une aggression a lieu, ou

dès que la 3ᵉ sommation a été faite sans amener de résultat, la force doit être employée sans délai et sans hésitation.

24. — Il ne doit jamais être question d'obtempérer aux injonctions faites par les attroupements, pour remettre la baïonnette dans le fourreau, mettre la crosse en l'air, rendre les armes, évacuer un poste ou une position. Toute transaction de ce genre est une lâcheté ou une trahison.

25. — Les chefs de détachement doivent s'abstenir et empêcher leurs hommes d'entrer en pourparlers avec le public, surtout avec les gens qui se présentent avec l'apparence de conciliateurs.

26. — Il est de toute nécessité de tenir les gens à une distance telle qu'ils ne puissent haranguer les soldats, ou se jeter inopinément sur leurs armes. Donc, en arrivant sur un boulevard, une place, ou dans une rue, le commandant des troupes doit faire évacuer complétement le terrain qu'on doit occuper et ne plus laisser personne s'y introduire.

27. — La circulation doit cesser immédiatement sur l'emplacement occupé par les troupes, on ne doit laisser passer que les militaires ou les personnes munies d'autorisation en règle.

28. — Le public sera tenu, à 100 mètres au moins de la troupe, par des sentinelles qui ne devront engager aucune conversa-

tion avec la foule. Elles ne resteront pas en place et repousseront par la force tout acte de violence, toute tentative faite de leur arracher leurs **armes.**

29. — Le chef de détaclement déclarera d'une voix ferme que si les sentinelles étaient forcées, cette violence serait considérée comme un acte d'hostilité qui serait repoussé par la force des armes.

30. — Toutes ces mesures doivent être *prises rapidement* et *sans hésitation,* chaque minute de retard augmentant la force matérielle et morale de l'émeute.

Du combat avec l'émeute.

31. — Autant que possible éviter d'aborder, de front et à découvert, des insurgés qui sont derrière des abris. On devra s'efforcer de tourner les barricades ou défenses de l'émeute par les rues adjacentes non occupées, ou bien l'on cheminera à travers les maisons.

32. — Les détachements formés dans ce but seront composés de fractions constituées, et devront être accompagnées de sapeurs du génie, munis d'outils.

33. — Les portes des maisons sont facilement enfoncées à coups de hache, avec des pinces ou des leviers; si elles ne sont pas barricadées, un coup de fusil tiré dans a serrure suffit pour les ouvrir.

34. — On opère encore plus rapidement si l'on a des pétards, ou des cartouches de dynamite.

35. — Pendant qu'on travaille à enfoncer une porte de maison, des tirailleurs, abrités autant que possible dans les embrasures des portes, ou embusqués aux fenêtres des maisons voisines, surveillent les barricades et les maisons occupées par les insurgés, et tiennent en joue leurs fenêtres pour faire feu sur tout ce qui se présente.

36. — Pour passer d'une maison à une autre on perce les murs de séparation, qui sont généralement peu épais, surtout dans les étages supérieurs et au fond des placards ménagés dans leur épaisseur.

37. — La force des détachements appelés à s'introduire dans les maisons ne doit pas dépasser 25 à 30 hommes, commandés par un officier. Un plus grand nombre produirait de l'encombrement et du désordre, sans activer le travail. Deux ou trois hommes seulement travaillent à la fois, et les autres se tiennent prêts à repousser ou à chasser les insurgés qui seraient dans les maisons qu'on attaque.

38. — Si une barricade ne peut être tournée et qu'il faille l'attaquer de front, on doit la contrebattre d'abord avec des hommes placées aux fenêtres des maisons qui sont en avant, puis lancer au pas de course, sur l'obstacle, 25 ou 30 hommes au plus, commandés par un officier vigoureux.

39.—Ils devront être suivis par deux rangs de tirailleurs, marchant rapidement de chaque côté de la rue, le long des maisons, pour contrebattre les insurgés placés aux fenêtres des maisons voisines de la barricade. Le rang de droite fera feu sur tout ce qui se présentera aux fenêtres de gauche, le rang de gauche sur tout ce qui paraîtra aux fenêtres de droite,

40.—On devra se tenir de préférence sur le côté droit de la rue, parce que les défenseurs des maisons placés aux fenêtres ont plus de difficultés pour tirer avec justesse sur les assaillants.

Emploi de l'artillerie

41.—L'emploi de l'artillerie est presque toujours avantageux: il exerce une puissante action sur le moral des insurgés. On tire à obus sur les barricades ou les maisons pour les démolir, y ouvrir une brèche, en chasser les défenseurs. On tire à mitraille dans les grandes avenues pour disperser les groupes armés.

42.—Comme dans la lutte avec les insurgés le canon ne peut être employé qu'à courte portée, il faut, pour ménager les hommes et les chevaux, charger les pièces à couvert, puis les pousser à bras aussi rapidement que possible jusqu'au point où elles peuvent tirer sur la barricade ou la maison à battre.

43. — On fera des postes pour les tireurs avec des planches, avec des matelas, etc....

44. — Si la résistance a pu s'organiser et concentrer ses moyens d'action dans un quartier spécial, ce quartier doit être enveloppé complétement par les troupes et abordé de tous les côtés à la fois, à un signal donné, ou à un moment convenu bien réglé à l'avance.

45. — Si l'émeute osait, sur un point, en venir à prendre l'offensive, plusieurs décharges, soit de canon chargé à mitraille, soit de mousqueterie, exécutées sur la tête de colonne, suffiront pour l'obliger à se retirer. Une charge à la baïonnette achèvera la déroute.

46. — La poursuite commencée, il convient de la prolonger en serrant de très-près les émeutiers, pour ne pas leur donner la possibilité de s'installer derrière des barricades ou dans des maisons en arrière.

47. — Si, par extraordinaire, un détachement isolé se trouve trop pressé pendant un engagement avec l'émeute, il doit s'établir dans une maison, ou sur un autre point plus facile à garder et voisin de celui qu'il occupait, s'y défendre énergiquement, prévenir l'autorité supérieure et attendre des secours; mais, sous aucun prétexte, il ne doit entrer en pourparlers avec les insurgés.

2.

Emploi de la cavalerie.

48. — La cavalerie dont le rôle, au début, est de maintenir ou de faciliter les communications, d'obliger les rassemblements à se disperser, d'agir dans les rues et sur les boulevards dépourvus d'obstacles matériels, soit en se portant directement sur les insurgés, soit surtout en menaçant leur retraite, doit, lorsque les émeutiers se retirent, concourir activement à la poursuite, qu'il ne faut pas craindre de diviser pour qu'elle produise plus d'effet.

49. — Enfin, il convient de ne pas perdre de vue que l'action ne doit pas cesser parce que l'insurrection ne tient plus nulle part ; c'est le moment de rechercher les fractions de l'émeute, partout où elles se cachent, pour les saisir et les désarmer, de fouiller les maisons pour s'emparer des armes et des munitions, de procéder aux arrestations des chefs de l'insurrection ou des insurgés les plus exaltés.

50. — Les perquisitions ne doivent cesser que lorsqu'elles sont devenues complétement infructueuses.

VI. — Colonnes mobiles.

51. — Lorsqu'on aura à craindre que des troubles ne viennent à éclater dans des localités qui n'ont pas de garnison, ou que des bandes d'émeutiers ne parcourent le pays pour inspirer la terreur, brûler et piller, on formera des colonnes mobiles destinées à rétablir l'ordre, partout où il pourrait être troublé, et disperser les bandes.

52. — Ces colonnes mobiles seront, suivant les troupes dont on pourra disposer, composées d'infanterie, de cavalerie et d'artillerie, ou de ces armes réunies.

53. — En tout cas, elles seront toujours suffisamment fortes pour ôter aux émeutiers toute idée de résistance à main armée, et pour rétablir immédiatement la tranquillité publique.

54. — Si l'on n'avait pas assez de troupes pour envoyer, partout où il est nécesssaire, des colonnes assez fortes, on agirait successivement ; mais il ne faut, *en aucun cas*, exposer une colonne à un insuccès ; cela détruirait le moral des troupes et exalterait celui des émeutiers.

55. — On ne saurait trop le répéter, partout où la force armée paraît, son action doit être irrésistible, décisive.

56. — Si la colonne est composée uniquement d'infanterie, elle prend position autour de la localité pour en surveiller les abords, et si les obstacles ne sont pas trop forts, une fois qu'on a reconnu la disposition des lieux, on lance une ou deux petites colonnes de 20 à 30 hommes, qui pénètrent par les principales rues jusqu'à l'Hôtel-de-

Ville ou la mairie, qui est généralement le centre de la résistance; elles sont suivies par des soutiens qui gardent leurs derrières et prennent position, s'il est nécessaire, dans les maisons.

Le reste de la colonne mobile converge alors vers les rues, pénètre dans la ville et occupe les points principaux, jusqu'à ce que les perquisitions et les arrestations soient terminées.

57. — Les troupes, pendant leur séjour, doivent être logées chez les habitants; mais par groupes, les officiers au milieu de leurs hommes.

58. — La discipline devra être observée avec la plus grande rigueur.

59. — Un poste central sera établi aussitôt; des patrouilles sillonneront incessamment la ville.

60. — *La cavalerie seule* est plutôt propre à poursuivre des bandes qui parcourraient les campagnes, pillant et dévastant.

61. — Elle peut être employée utilemen pour surveiller les abords d'une ville, se porter rapidement sur un point où un commencement d'effervescence populaire se produit, et faire avorter cette tentative par son arrivée soudaine.

62. — Mais, pour pénétrer seule dans une ville, il faut qu'elle soit nombreuse, et qu'une partie des cavaliers puisse mettre pied à terre et combattre comme des fantassins.

63. — A l'infanterie, comme à la cavalerie, *l'artillerie* prête un efficace appui matériel et moral ; la plupart du temps, l'annonce de son approche suffira pour ôter toute idée de résistance.

64. — Enfin, si une colonne mobile est composée *des trois armes*, elle sera en état de briser toute espèce de résistance.

La cavalerie se portera en avant pour observer les abords de la ville insurgée, pour intimider les défenseurs par la promptitude de son arrivée, pour arrêter les gens les plus compromis qui voudraient s'échapper.

L'infanterie et l'artillerie, qui viendront plus tard, renverseront tous les obstacles et réduiront l'émeute.

65. — Des détachements de gendarmerie, pris dans l'arrondissement, connaissant bien les localités et les personnes, marcheront avec les colonnes mobiles pour les renseigner, et procéder aux arrestations et aux procès-verbaux.

66. — Si des magistrats se rendent dans les localités insurgées, les colonnes mobiles les protégeront et leur fourniront tous les moyens possibles pour faciliter leur mission, procéder aux arrestations et fournir les escortes de prisonniers.

Instruction pour la formation des colonnes mobiles.

67. — Les colonnes mobiles, composées d'après les ordres donnés, devront être organisées à l'avance, de façon que la mobilisation puisse avoir lieu en quelques heures, et le départ immédiatement après.

68. — Les chefs de colonne, surtout si elles sont composées de troupes de différentes armes, devront se mettre à l'avance en rapport avec les commandants des diverses fractions et leur donner des instructions en cas de mobilisation; ils s'assureront que les hommes sont munis de tout ce qu'ils doivent emporter avec eux.

69. — Un officier sera désigné dans chaque colonne pour faire les fonctions de sous-intendant; il prendra les instructions de l'intendance pour tout ce qui concerne l'administration et la subsistance de sa colonne, une fois qu'elle sera mobilisée.

70. — Un autre officier, désigné pour faire les fonctions de chef d'état-major, prendra auprès du général commandant tous les renseignements, documents et instructions nécessaires pour l'accomplissement de la mission dévolue à la colonne.

71. — Les hommes d'infanterie devront emporter leurs cartouches au complet. Ils n'auront dans le sac, avec les effets indis-

pensables, qu'un jour de biscuit de réserve, et une ration de sucre et de café.

72. — Ils emporteront également la tente-abri, la couverture et les ustensiles de campement.

73. — Les cavaliers auront un jour d'avoine.

74. — Autant que possible, les troupes seront cantonnées chez l'habitant, mais par groupes et non isolément, les officiers logés au milieu de leurs compagnies.

75. — Les chefs de détachements et de colonnes rendront compte, hiérarchiquement, de leurs opérations à leur général de brigade qui fera parvenir ces rapports au général de division ; mais, dans les cas urgents, un rapport sera en outre adressé par eux directement au général de division.

Ces rapports contiendront un exposé des opérations exécutées, de l'état politique, et tout ce qui concerne l'installation et la nourriture de la troupe.

LOIS ET RÈGLEMENTS.

Extrait de la loi du 10 juillet 1791.

Art. 9. — Dans chaque arrondissement, l'officier général commandant, chargé de tenir la main à l'exécution des règlements militaires, sera, de plus, obligé de se concerter avec toutes les autorités civiles, à l'effet de *procurer l'exécution de toutes les mesures ou précautions* qu'elles auront pu prendre pour le maintien de la tranquillité publique ou pour l'observation des lois, *ainsi que d'optempérer à leurs réquisitions, toutes les fois qu'elles seront dans les cas prévus par les lois.*

Art. 13. — *Les commandants particuliers* se conformeront, dans *leurs places* respectives, à ce qui est prescrit art. 9 du présent titre, pour l'officier général commandant dans l'arrondissement, ainsi qu'aux ordres qu'ils recevront dudit officier général.

Art. 16. — Dans toutes les circonstances qui intéresseront la police, l'ordre, la *tranquillité intérieure des places*, et où la participation des troupes serait jugée nécessaire, le *commandant militaire n'agira que d'après la réquisition par écrit des officiers civils* et, autant que faire se pourra, qu'après s'être concerté avec eux.

Art. 17. — En conséquence, lorsqu'il s'agira, soit de *dispositions passagères*, soit de *mesures de précaution permanentes*, telles que *patrouilles régulières, détachements* pour le maintien de l'ordre ou l'exécution des lois, *police des foires, marchés ou autres lieux publics, etc.*, les officiers civils remettront au commandant militaire *une réquisition signée d'eux, dont les divers objets seront clairement expliqués ou détaillés* et dans laquelle ils désigneront l'étendue de surveillance qu'ils croiront nécessaire; après quoi, *l'exécution de ces dispositions et toutes mesures capables de la procurer, telles que consignes, placement de sentinelles, bivouacs, conduite et direction des patrouilles, emplacement des gardes et des détachements, choix des troupes et des armes et tous autres modes d'exécution,* seront laissés à la direction du commandant militaire qui en sera responsable, jusqu'à ce qu'il lui ait été notifié par les officiers civils que ces soins ne sont plus nécesaires, ou qu'ils doivent prendre une autre direction.

Art. 19. — Nulle troupe ne pourra *être changée de la garnison qui lui a été affectée que par un ordre contraire du gouvernement* ou, dans les cas urgents, par ceux des agents de l'autorité militaire auxquels en aura été déléguée la faculté.

Extrait de la loi du 3 août 1791.

Art. 20. — Aucun corps ou détachement de troupes de ligne ne pourra agir dans l'intérieur du royaume sans une réquisition légale, sous les peines portées par les lois.

Art. 22. — Les réquisitions adressées aux commandants, soit des troupes de ligne, soit des gardes nationales, soit de la gendarmerie nationale, seront faites par écrit, dans les formes suivantes :

« Nous..... requérons, en vertu de la loi,
« N....., commandant, etc., de prêter le se-
« cours des troupes de ligne, ou de la gen-
« darmerie nationale, ou de la garde natio-
« nale, nécessaire pour.......

« Pour la garantie dudit ou desdits com-
« mandants, nous apposons notre signature.

(Signature.)

Art. 23. — L'exécution des dispositions militaires appartiendra ensuite au commandant des troupes de ligne.

S'il s'agit de faire sortir les troupes de ligne du lieu où elles se trouvent, *la détermination du nombre est abandonnée à l'officier commandant, sous sa responsabilité.*

Art. 25. — Les dépositaires des forces publiques appelés, soit pour assurer l'exécution de la loi, des jugements et ordonnances, ou mandements de justice ou de

police, soit pour dissiper les émeutes populaires et attroupements séditieux, et saisir
les chefs, auteurs ou instigateurs de l'émeute ou de la sédition, ne pourront déployer la force des armes que dans trois
cas.

Le *premier*, si des violences ou voies de
fait étaient exercées contre eux-mêmes.

Le *second*, s'ils ne pouvaient défendre autrement le terrain qu'ils occuperaient, ou
les postes dont ils seraient chargés.

Le *troisième*, s'ils y étaient expressément
autorisés par un officier civil, et dans ce troisième cas, après les formalités prescrites par
les deux articles suivants.

Art. 26. —Si, par les progrès d'un attroupement ou émeute populaire, ou pour toute
autre cause, l'usage rigoureux de la force
devient nécessaire, un officier civil, soit juge
de paix, soit officier municipal, procureur
de la commune ou commissaire de police,
soit administrateur de district ou de département, soit procureur syndic ou procureur
général syndic, se présentera sur le lieu de
l'attroupement ou du délit, prononcera à
haute voix ces mots : *Obéissance à la loi ! On
va faire usage de la force ; que les bons citoyens se retirent*, le tambour battra un ban
avant chaque sommation.

Art. 27. — Après cette sommation, trois
fois réitérée et même, dans le cas où, après
une première ou une seconde sommation,

il ne serait pas possible de faire la seconde et la troisième, si les personnes attroupées ne se retirent pas paisiblement, et même s'il en reste plus de quinze rassemblées, en état de résistance, la force des armes sera à l'instant déployée contre les séditieux, sans aucune responsabilité des événements, et ceux qui pourront être saisis ensuite seront livrés aux officiers de police, pour être être jugés et punis selon la rigueur des lois.

Art. 41. — Les chefs de troupes de ligne, de la gendarmerie nationale, de la garde soldée des villes ou des gardes nationales qui refuseraient d'exécuter les réquisitions qui leur seraient faites, seront poursuivis et punis des peines portées au Code pénal, sans préjudice des peines plus graves prononcées par la loi contre les crimes attentatoires à la tranquillité publique.

Extrait de la loi du 10 avril 1831.

Art. 1er. — Toutes personnes qui formeront des attroupements sur la voie publique seront tenues de se disperser à la première sommation des préfets, sous-préfets, maires, adjoints de maires ou de tous magistrats et officiers civils chargés de la police judiciaire, autres que les gardes champêtres et gardes forestiers.

Si l'attroupement ne se disperse pas, les

sommations seront renouvelées trois fois :
chacune d'elles sera précédée d'un roulement de tambour ou d'un son de trompe; si
les trois sommations sont demeurées inutiles, il pourra être fait emploi de la force.
conformément à la loi du 3 août 1791.

Extrait de la loi sur les attroupements
(Du 7 juin 1848.)

Art. 1ᵉʳ. — Tout attroupement armé, formé sur la voie publique, est interdit.

Est également interdit sur la voie publique, tout attroupement non armé, qui
pourrait troubler la tranquillité publique.

Art. 2. — L'attroupement est armé : 1º
quand plusieurs des individus qui le composent sont porteurs d'armes apparentes ou
cachées ; 2º lorsqu'un seul de ces individus,
porteur d'armes apparentes, n'est pas immédiatement expulsé de l'attroupement par
ceux-là même qui en font partie.

Art. 3. — Lorsqu'un attroupement armé
ou non armé se sera formé sur la voie publique, le maire ou l'un de ses adjoints, à
leur défaut le commissaire de police ou tout
autre agent ou dépositaire de la force publique et du pouvoir exécutif, portant l'écharpe tricolore, se rendra sur le lieu de
l'attroupement.

Un roulement de tambour annoncera l'arrivée du magistrat.

Si l'attroupement est armé, le magistrat lui fera sommation de se dissoudre et de se retirer.

Cette première sommation restant sans effet, une seconde sommation, précédée d'un roulement de tambour, sera faite par le magistrat.

En cas de résistance, l'attroupement sera dissipé par la force.

Si l'attroupement est sans armes, le magistrat, après le premier roulement de tambour, exhortera les citoyens à se disperser. S'ils ne se retirent pas, trois sommations seront successivement faites.

En cas de résistance, l'attroupement sera dissipé par la force.

Extrait de la lettre ministérielle du 16 mars 1848.

Paris, le 16 mars 1848.

. . . .

Vous pouvez déléguer les pouvoirs qui vous appartiennent, pour répondre aux réquisitions, à ceux des commandants, vos subordonnés, qui, par leur éloignement ou leur isolement, n'auraient pas avec vous des moyens de communication assez faciles, sous la condition expresse de vous en rendre compte immédiatement.

Vous userez de cette faculté avec une sage réserve, afin de maintenir l'unité du commandement.

Vous apporterez une attention nouvelle au maintien de la discipline et à l'exécution des règlements militaires.

Signé : SUBERVIE

Paris, le 10 mai 1848.

. . . .

Vous devrez vous rappeler que vous ne devez obtempérer aux réquisitions qu'avec les troupes disponibles, et vous ne pouvez regarder comme disponibles celles qui ont à exécuter des ordres donnés par le ministre de la guerre, etc.

Signé : CHARRAS.

Enfin, le 20 juin 1848, le ministre de la guerre, général Cavaignac, reproduit la circulaire du 16 mars et en ordonne la rigoueuse et textuelle observation.

Loi du 9 août 1849 sur l'état de siége.

Art. 1er. — L'état de siége ne peut être déclaré qu'en cas de péril imminent pour la sécurité intérieure ou extérieure.

Des formes de la déclaration de l'état de siége.

Art. 2. — L'Assemblée nationale peut seule déclarer l'état de siége, sauf les exceptions ci-après.

La déclaration de l'état de siége désign♦
les communes, les arrondissements ou dé
partements auxquels il s'applique et pourra
être étendu.

Art. 3. — Dans le cas de prorogation de
l'Assemblée nationale, le président de la
République peut déclarer l'état de siége, de
l'avis du conseil des ministres.

Des effets de l'état de siége.

Art. 7. — Aussitôt l'état de siége déclaré,
les pouvoirs dont l'autorité civile était re-
vêtue, pour le maintien de l'ordre et de la
police, passent tout entiers à l'autorité militaire.

L'autorité civile continue néanmoins à
exercer ceux de ces pouvoirs dont l'autorité
militaire ne l'a pas dessaisie.

Art. 8.— Les tribunaux militaires peuvent
être saisis de la connaissance des crimes et
délits contre la sûreté de la République,
contre la Constitution, contre l'ordre et la
paix publique, quelle que soit la qualité des
auteurs principaux et des complices.

Art. 9. — L'autorité militaire a le droit :

1º De faire des perquisitions, de jour et de
nuit, dans le domicile des citoyens;

2º D'éloigner les repris de justice et les
individus qui n'ont pas leur domicile dans
les lieux soumis à l'état de siége;

3º D'ordonner la remise des armes et munitions, et de procéder à leur recherche et à leur enlèvement ;

4º D'interdire les publications et les réunions qu'elle juge de nature à exciter ou à entretenir le désordre.

De la levée de l'état de siége.

Art. 12. — L'Assemblée nationale a seule le droit de lever l'état de siége, lorsqu'il a été déclaré ou maintenu par elle.

Néanmoins, en cas de prorogation, ce droit appartiendra au président de la République.

L'état de siége déclaré conformément à l'article 3, peut être levé par le président de la République, tant qu'il n'a pas été maintenu par l'Assemblée nationale.

Art. 13. — Après la levée de l'état de siége, les tribunaux militaires continuent de connaître des crimes et délits dont la poursuite leur avait été déférée.

Règlement du 1er mars 1854 sur le service de la gendarmerie.

Art. 113. — Si les rapports de service font craindre quelque émeute populaire ou attroupement séditieux, les préfets, après s'être concertés avec l'officier général commandant le département, s'il est présent, et avec l'officier le plus élevé en grade de la gendarmerie en résidence au chef-lieu du département, peuvent requérir la réunion, sur le point menacé, du nombre de brigades nécessaires au rétablissement de l'ordre.

Il en est rendu compte sur-le-champ au Ministre de l'intérieur par le préfet, et au Ministre de la guerre pour l'officier général ou pour l'officier de gendarmerie.

Art. 129. — Dans tous les cas prévus par les articles 113 et 114 du présent décret, si le maintien ou le rétablissement de l'ordre ne peut être assuré qu'en déployant une plus grande force sur les points menacés, les généraux commandant les divisions et subdivisions militaires, indépendamment de l'emploi des troupes de ligne, peuvent ordonner, sur la réquisition des préfets, la formation des détachements de gendarmerie qu'exigent les besoins du service.

Ces détachements peuvent être composés d'hommes pris dans les compagnies limitrophes et faisant partie de la même division militaire ; mais, à moins d'ordres formels du Ministre de la guerre, concertés avec le Ministre de l'intérieur, les officiers généraux ne peuvent rassembler la totalité des brigades d'une compagnie pour les porter d'un département dans un autre.

Ils préviennent de ces mouvements les préfets des départements respectifs.

Art. 136. — Si les officiers de gendarmerie reconnaissent qu'une force supplétive

leur est nécessaire pour dissoudre un rassemblement séditieux, réprimer des délits,
transférer un nombre trop considérable de
prisonniers, pour assurer enfin l'exécution
des réquisitions de l'autorité civile, ils en
préviennent sur-le-champ les préfets ou les
sous-préfets, lesquels requièrent soit le commandant du département, soit le commandant de place, de faire appuyer l'action de
.a gendarmerie par un nombre suffisant de
troupe de ligne.

Les demandes des officiers de gendarmerie contiennent l'extrait de l'ordre ou de la
réquisition, et les motifs pour lesquels la
main-forte est réclamée.

Art. 137. — Dans les cas urgents, les officiers et sous-officiers de gendarmerie peuvent requérir directement l'assistance de la
troupe de ligne, qui est tenue de déférer à
leurs réquisitions et de leur prêter main-
forte. Ils se conforment, pour ce service, aux
dispositions du deuxième paragraphe de
l'article précédent.

Tout militaire en activité de service ou en
congé est tenu de prêter mainforte aux
agents de la force publique, conformément
aux art. 106 du Code d'instruction crimi-
nelle et 475 du Code pénal. (Circulaire
du 23 juin 1869.)

Art. 138. — Lorsqu'un détachement de
troupe de ligne est employé conjointement
avec la gendarmerie, pour un service de

gendarmerie, le commandement appartient, à grade égal, à l'officier de cette dernière arme.

Si le chef du détachement est d'un grade supérieur à celui dont l'officier de gendarmerie est titulaire, il prend le commandement ; mais il est obligé de se conformer aux réquisitions qui lui sont faites par écrit par l'officier de gendarmerie, lequel demeure responsable de l'exécution de son mandat, lorsque l'officier auxiliaire s'est conformé à sa réquisition.

Art. 298. — Lorsqu'une émeute populaire prend un caractère et un accroissement tels, que la gendarmerie, après une intervention énergique, se trouve impuissante pour vaincre la résistance par la force des armes, elle dresse un procès-verbal, dans lequel elle signale les chefs et fauteurs de la sédition ; elle prévient immédiatement l'autorité locale, ainsi que le commandant de la compagnie ou de l'arrondissement, afin d'obtenir des renforts des brigades voisines, et, suivant le cas, de la troupe de ligne ou de la garde nationale.

Règlement sur le service des places du 4 octobre 1891.

Art. 64. — Les commandants des gardes piquets et patrouilles ne doivent pas perdre de vue les conditions de responsabilité, ?

l'égard du maintien de l'ordre public, que leur impose l'article 234 du Code pénal ainsi conçu :

« Tout commandant, tout officier ou sous-
« officier de la force publique qui, après
« avoir été légalement requis p'r l'autorité
« civile, aura refusé de faire ag'r la force
« sous ses ordre<, sera puni d'un emprison-
« nement d'un mois à trois mois, sans
« préjudice des réparations civiles qui pour-
« raient être dues. »

Les autorités civiles qui sont en droit de faire des réquisitions sont : les préfets, les sous-préfets, les maires, les adjoints aux maires, les procureurs généraux près les cours d'appel, les procureurs de la République près les tribunaux de première instance et leurs substituts, les présidents de cours ou de tribunaux, les juges d'instruction, les juges de paix et les commissaires de police.

Dans les cas urgents, les officiers et sous-officiers de gendarmerie peuvent requérir directement l'assistance de la troupe, qui est tenue de déférer à leurs réquisitions et de leur prêter mainforte.

Les réquisitions doivent être faites par écrit, rédigées de manière à mettre en évidence leur motif et leur objet, et être signées par l'autorité requérante.

Mais en obtempérant aux réquisitions des fonctionnaires chargés de l'exécution des lois et des règlements de police, les chefs de poste restent libres d'adopter telles dis-positions militaires proprement dites que l'objet des réquisitions leur paraît exiger.

Le présent article est affiché dans tous les corps de garde.

Art. 65. — Si un chef de poste est informé que des désordres d'une nature sérieuse, causés par des militaires ou dont des mili-taires seraient victimes, se produisent dans un cabaret, un café, ou tout autre lieu public, il y envoie un sous-officier ou un caporal avec le nombre d'hommes nécessaire pour arrêter, s'il y a lieu, les perturbateurs ou pour protéger les militaires menacés.

Si ces désordres se produisent dans une maison, le chef de poste y envoie un déta-chement. Mais il ne peut y entrer sans la réquisition de l'occupant ou sans l'assistance d'un commissaire de police, à moins que les cris : *Au feu ! A l'assassin ! Au voleur ! Au secours !* ne se fassent entendre de l'inté-rieur.

Art. 71. — En cas d'alarme, les chefs de poste tiennent leur troupe sous les armes. Ils ne laissent jamais de rassemblement ou d'attroupement se former dans les environs du corps de garde ; si, les rassemblements persistant, les chefs constatent des symptômes de troubles sérieux, ils recommandent aux sentinelles d'être alertes. précisent les cir-constances dans lesquelles elles doivent se

replier sur le poste, et font charger les
armes en cas de péril imminent.

Le commandant d'armes, le commissaire
de police et les postes voisins sont immédiatement avertis, si les communications le
permettent.

En cas d'attaque, le commandant de la
garde défend énergiquement son poste par
tous les moyens en son pouvoir et jusqu à
la dernière extrémité, en se conformant,
d'ailleurs, pour cette défense, aux dispositions écrites que le commandant d'armes a
arrêtées pour chaque poste, en vue d'événements de _t genre. Ces dispositions font
connaître, conformément à l'article 18, les
postes qui doivent se replier sur d'autres,
suivant les règles déterminées, et les postes
qui, destinés au contraire à servir de points
d'appui aux troupes de la garnison, doivent
être défendus à outrance.

Hors des cas d'attaque, les gardes,
piquets ou patrouilles ne peuvent faire
usage de leurs armes, en vue du rétablissement de l'ordre, que dans les circonstances
et sous les conditions prévues par l'article
169.

Art. 167. — Lorsque l'intervention des
troupes est jugée nécessaire pour maintenir
l'ordre public et pour assurer l'exécution des
lois, l'autorité militaire agit sur la réquisition
écrite des autorités compétentes (voir l'article 64) et, autant que possible, après s'être

concertée avec elles. Les motifs et l'objet de
la réquisition doivent être clairement expri-
més.

Le choix et l'exécution des mesures à
prendre appartiennent exclusivement à l'autorité militaire, dont la responsabilité à cet
égard reste entière.

Lorsqu'un piquet est commandé pour le
service des assises, la troupe agit dans l'en-
ceinte du tribunal d'après les instructions du
président, qui a la police de l'audience : à
l'extérieur, elle reçoit du commandant d'armes les consignes particulières arrêtées après
une entente préalable entre celui-ci et le
président des assises.

Art. 169. — En cas de troubles et hors
des circonstances spécifiées par l'art. 92,
dans lesquelles les troupes sont l'objet d'une
agression et doivent se défendre par tous les
moyens possibles, elles ne peuvent faire
usage de leurs armes pour le rétablissement
de l'ordre que dans les conditions ci-après
déterminées par la loi du 7 juin 1848.

Lorsqu'un attroupement s'est formé sur
la voie publique, le maire ou l'un de ses adjoints, à leur défaut, le commissaire de po
lice ou tout autre agent ou dépositaire de la
force publique, revêtu de l'écharpe tricolore.
se rend sur le lieu de l'attroupement.

Un roulement de tambour annonce l'arrivée du magistrat.

Si l'attroupement est armé, le magistrat

lui fait sommation de se dissoudre et de se retirer.

Si cette première sommation reste sans effet, une seconde sommation, précédée d'un roulement de tambour ou d'une sonnerie de clairon, est faite par le magistrat.

En cas de résistance, l'attroupement est dissipé par la force.

Si l'attroupement est sans armes, le magistrat, après le premier roulement de tambour ou la première sonnerie de clairon, exhorte les citoyens à se disperser. S'ils ne se retirent pas, trois sommations sont successivement faites.

En cas de résistance, l'attroupement est dispersé par la force.

TABLE.

LOIS ET RÈGLEMENTS.

PARIS. — IMPRIMERIE L. BAUDOIN, 2, RUE CHRISTINE.